GEHEIMCODE - *Erfolgsspirale*

Endlich das Prinzip
des Erfolges verstehen!

Christine Hofmann

MIX
Papier aus verantwortungsvollen Quellen
Paper from responsible sources
FSC® C105338

Wer die universellen Gesetze versteht und danach strebt
sie positiv umzusetzen, wird Glück, Erfolg und Wohlstand
in sein Leben ziehen.

Impressum

Bibliografische Information der Deutschen Nationalbibliothek

Die Deutsche Nationalbibliothek verzeichnet diese Publikation in der Deutschen Nationalbibliografie; detaillierte bibliografische Daten sind im Internet über http://dnb.dnb.de abrufbar.

1. Auflage

Herstellung und Verlag
BoD - Books on Demand, Norderstedt

Abbilder und Grafiken:
U.a. © fotolia.com
Komplette Angaben auf Seite 132
ISBN: 9783732241293

Wichtiger Hinweis

Die im Buch veröffentlichen Tips und Übungen wurden vom Verfasser sorgfältig erarbeitet und geprüft. Eine Garantie kann jedoch nicht übernommen werden. Ebenso ist die Haftung des Verfassers und des Verlages für Personen-, Sach-, und Vermögensschäden ausgeschlossen.

Inhaltsverzeichnis

Vorwort von Torsten Will

Erfolgsspirale...aufwärts oder abwärts?
“Natürlich aufwärts!” werden Sie sicher laut rufen! Mathematisch ist eine Spirale jedoch zweidimensional flach und im Vergleich zur Schraube ohne dritte Dimension.

Die Frage ist also eher: Mit welcher Geschwindigkeit wollen Sie zum Spiral-“Kern” vordringen?

Maximale Geschwindigkeit! Warum sonst hätten Sie sich für dieses Buch von Christine Hofmann entschieden!?

In der Psychologie beschreibt eine Spirale immer eine Entwicklung, die zu einer Eskalation führt. In diesem Falle:
Die Eskalation des Erfolges. Wenn Sie das Wort “Eskalation” irritiert, so beschreibt dies nur in seinem lateinischen Wortursprung eine Treppe, die Sie nach oben oder unten führt.
Jeder von uns, befindet sich so oder so auf dieser Treppe, wenn Sie nicht schon längst Spirale gegen

Hamsterrad und Teufelskreislauf getauscht haben. Um kein Opfer der Schwerkraft zu werden, gilt es alle Energie zu mobilisieren Schritt für Schritt an die Spitze der Treppe zu kommen, den Kern der Spirale zu entdecken, denn nach unten bringt uns alles andere schon von alleine.

Ganz konkret: Dieses Buch fordert Sie auf Hamsterrad gegen Erfolgsspirale zu tauschen und dabei in Balance mit Ihrer Persönlichkeit zum Kern Ihres Erfolges vorzudringen.

Für Christine Hofmann ist Erfolg dabei fließend und leicht. Dabei steht das Bewusst-Machen der Selbstverständlichkeiten für Erfolg an erster Stelle. Statt der großen Visionen und Mega-Ziele sind es gerade die kleinen Schritte, die in Summe das große Ganze ausmachen.
Sie werden mit dem Buch wachsen, sich entwickeln, verblüfft erleben, dass die Spirale Sie ent- und beschleunigt und nach einer Zeit des TUNs fast schwerelos trägt.
Setzen Sie sich daher kein Limit, was Sie glauben erreichen zu können, sondern verknüpfen Sie persönliche Entwicklung mit wachsenden Zielen und Wünschen.

Bestimmen Sie Ihr Tempo allein und freuen Sie sich dann auf Ihr selbstbestimmtes Leben.

Das wünsche ich Ihnen von Herzen.

Ihr
Torsten Will
Erfolgstraining http://www.torstenwill.com/

Dann starte ich mal...

Mit diesen Worten begrüße ich Sie ganz herzlich und gratuliere Ihnen, denn mit diesem Buch halten Sie einen Erfolgsschlüssel für ein glückliches und erfolgreiches Leben in Ihren Händen. In der Kürze liegt die Würze und das Einfache ist genial.

Was werden Sie aus diesem Buch mitnehmen?

- Entdecken Sie die 12 Ziffern des Geheimcodes der Erfolgsspirale
- Erleben Sie den Turboschalter für mehr Erfolg und Glück im Leben
- Erfahren Sie meine persönlichen Erfolgsgesetze, die mir meinen Erfolg garantieren

Der Geheimcode besteht aus 12 Ziffern!

Nur 12 Ziffern? Ja, doch ich verrate Ihnen jetzt schon, diese 12 Ziffern haben es in sich. Jede dieser einzelnen Ziffern ist Bestandteil des Geheimcodes und unabdingbar, um wirklich erfolgreich zu sein.

Stellen Sie sich vor, dass es die Kombination eines Zahlenschlosses ist; nur wenn alle Ziffern richtig eingestellt sind, öffnet sich das Schloss komplett und vollständig. Nehmen Sie jede einzelne Ziffer auf und setzten Sie sie um. Knacken Sie Ihren persönlichen 12-Ziffern-Code und Sie erhalten mehr Erfolg, Fülle, Glück und Zufriedenheit in Ihrem Leben - versprochen.

Erfolgreiche Menschen machen andere Menschen erfolgreich. Auch ein Grund, warum ich hier sitze und dieses Buch für Sie und andere schreibe. Es macht mir unbegrenzte Freude, anderen Menschen einen Dienst zu erweisen - auch ein Erfolgsgeheimnis, das man leben darf.

Gleich hier am Anfang möchte ich mich bei den Menschen bedanken, die mich immer unterstützen und diese Menschen wissen jetzt, wenn sie diesen Satz lesen, dass sie damit gemeint sind.

„Danke, dass es Dich gibt!“

Nicht immer waren die Zeiten beruflich, privat und finanziell so schön wie heute. Ich habe für mich, durch meine Lehrer, Mentoren und Selbstanwendung einen einfachen und effektiven Weg gefunden, um all das zu erreichen, **was ich wirklich will**. Sollten auch Sie diesen Weg, diese einfachen Handwerkszeuge kennen lernen wollen, dann lesen Sie einfach weiter.

Ich wünsche Ihnen eine aufregende Zeit beim Lesen und **Umsetzen** mit diesem Buch.

Ihre Christine Hofmann

Standortbestimmung

Am Anfang der Reise gibt es einen Start und das Ziel. Warum ist es so wichtig, seinen aktuellen Standort zu kennen? Kennen Sie einen Kapitän, der ohne Ziel auf die See fährt? Nein? Ich auch nicht. Was machen Menschen, die ein Navigationsgerät in Ihrem Auto haben? Richtig, sie geben ein Ziel ein und da die Satelliten den aktuellen Standort erfassen und dann das Ziel dazu nehmen, kann das Navigationssystem den optimalen Weg errechnen. Hierbei gibt es sogar die Optionen auszuwählen, wie der Weg sein soll: Schnell, kurz, Autobahn, Landstraße und man kann sogar Zwischenziele eingeben, alles wird dann optimal berechnet.

Das Großartige ist nun, dass wir Menschen eine ähnliche Funktion in uns haben, ja, auch wir haben ein inneres Navigationssystem. Wir brauchen nur unseren aktuellen Lebens-Standort zu bestimmen und ein Ziel zu haben, und los geht es. Es ist so einfach, dass man es kaum fassen mag, nicht wahr?

Somit ist klar, dass hier Ihre persönliche Standortbestimmung folgt, um zu sehen, wo Sie gerade sind.

Im Folgenden finden Sie ein Lebensrad. Ich möchte einfach, dass Sie jetzt entscheiden, wo Sie in jedem Lebensbereich gerade stehen.

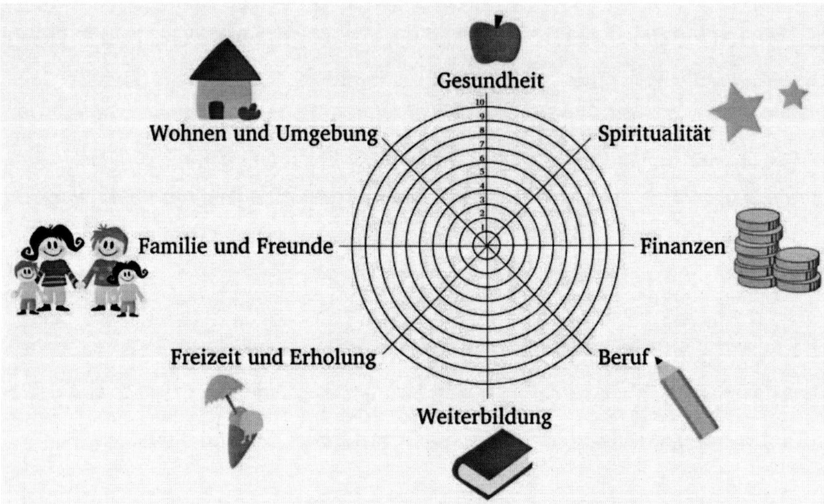

Tragen Sie einfach bei jedem Bereich auf der Linie einen Punkt ein. Die **„1“ steht für absolut optimierungsfähig** und die **„10“ für super optimal.** Tragen Sie die Punkte schnell und spontan ein, es gibt kein Richtig oder Falsch.

Wenn Sie nun auf jeder Linie, jedem Lebensbereich einen Punkt gesetzt haben, dann verbinden sie die Punkte miteinander.

Was sehen Sie?

Es kann sein, dass sich eine sehr interessante Grafik aufzeigt oder einfach ein kleines oder großes Rad.

Gehen wir mal davon aus, dass sich ein kleines rundes Rad abbildet. Was bedeutet das?
Das bedeutet, dass es bei Ihnen zwar irgendwie ganz gut läuft, doch es könnte wesentlich schneller gehen.

Sie haben ein Rad mit Zacken? Dann gilt es die tiefen Zacken mal genauer zu betrachten: Wo habe ich Optimierungsbedarf, wo kann es einfach besser werden, damit das Rad rund wird?
Sie haben ein großes, rundes Rad? Herzlichen Glückwunsch! Verraten Sie unbedingt anderen Menschen, wie Sie Ihr Leben leben, vielleicht schreiben Sie ein Buch darüber.

Bravo, Sie haben nun eine Ausgangsposition und in gewisser Weise sogleich auch schon das Ziel.

Danke für Ihr sofortiges Handeln. Gerade in diesem Moment haben Sie schon mehr über sich erfahren als 90% der restlichen Menschheit. Was ist das für ein Gefühl?

Tragen sie es doch gleich mal hier ein:

Entschlüsseln Sie die 12 Ziffern des Geheimcodes

Ziffer 1 - Ihr Ziel

Fangen Sie an, starten Sie! Nur das Hier und Jetzt zählt. TUN Sie einfach das, was Sie schon immer machen wollten. Loslegen ist nun das Zauberwort, das Sie in Bewegung bringt.
Der 1. Schritt, ist mehr als KEIN Schritt, KEIN Wachstum, KEIN Vorankommen. Es ist **ein wichtiger SCHRITT**, es ist schon **WACHSTUM** und definitiv ein erstes **VORANKOMMEN.**

Realisieren Sie Ihre Träume - der richtige Moment ist jetzt! Es ist immer der richtige Moment zu beginnen. **JETZT-GEICH!** Leben Sie im HIER und JETZT und es ist immer der richtige Moment für Sie.

Notieren Sie sich doch gleich mal, wie viele verpasste Gelegenheiten, Sie durch **NICHT HANDELN**, in Ihrem Leben hatten:

Und was meinen Sie, wo wären Sie jetzt, wenn

Sie diese Gelegenheiten wahrgenommen hätten?

Wenn ich die Gelegenheit wahrgenommen hätte, dann ...

____

____

____

____

____

____

____

Treffen Sie eine Entscheidung für Ihr Leben, es kann vielleicht sein, dass es sogar richtig Spaß bereitet, wenn man den Sinn und die Macht darin für sich entdeckt.

- Wohin geht die Reise?
- Was genau ist Ihr Ziel?

____

____

____

____

____

Haben Sie ein Ziel gefunden? Fangen Sie hier einfach mit einem Ziel an, es kann ein ganz kleines sein, das ist ok.

Was ist Ihr Ziel, Ihr Traum?
Wann soll es Realität sein?

Nun gehen Sie von diesem Ziel, dem Zeitpunkt der Realisierung einfach rückwärts. Notieren Sie nachfolgend, was davor geschehen sein muss. Schreiben sie es soweit auf, bis Sie beim Startpunkt landen.

Fertig ist Ihr Fahrplan zum Ziel. BRAVO!

Sie haben nun die erste Codeziffer entschlüsselt!
Weiter so!

Ziffer 2 - Die Basis

Legen Sie Ihren persönlichen Grundstein: Wie stark und stabil ist Ihr Selbstwertgefühl?

Was denken, sagen und fühlen Sie über sich selbst?

Oftmals sehen wir uns selber ganz anders als wir real sind oder uns andere Menschen sehen.

Kennen Sie das? Die innere Stimme, die da gerne mal mit uns eher negativ spricht:

* Das kann ich ja eh nicht!
* Ich bin zu groß!
* Ich bin zu klein!
* Ich bin zu dick und zu hässlich!
* Ich bekomme eh nichts richtig hin!
* Alles was Ich anpacke, geht schief.

Es geht auch anders, vielleicht sagt Ihre innere Stimme auch das:

* Wow, super, dass ich das geschafft habe!
* Ich finde, heute sehe ich wirklich gut aus!
* Ich habe mein Bestes getan, um es zu schaffen!
* Ich bin einzigartig und wertvoll!
* Heute gelingt mir alles!
* Ich bin genau richtig, so wie ich bin!

Folgend notieren Sie bitte, was Sie so über sich denken, Tag für Tag:

Fertig? Sie können die Liste auch jederzeit erweitern, das ist ok. Nun reflektieren Sie kurz das, was Sie bisher geschrieben haben: Ist es eher positiv oder vielleicht eher negativ?

Erkennen Sie für sich an, dass Sie wertvoll und einzigartig sind?

Nebenbei bemerkt, sollten Sie dazu noch Optimierungsbedarf haben und Ihren Selbstwert stärken wollen, dann testen Sie doch gerne eine meiner TRANCEREISEN im Shop oder gönnen Sie sich ein Coaching.

Wichtig ist meiner Ansicht nach, Respekt vor sich selbst zu haben, zu wissen, was meine **Grundwerte** sind. Grundwerte sind das, was uns persönlichen sehr wichtig ist, wie z.B. Sicherheit, Freiheit, Treue, Spaß, Liebe ... Wenn wir im Einklang mit unseren Grundwerten leben, dann erreichen wir sehr schnell unsere Ziele.

Erkennen Sie auch für sich selbst an, was Sie schon alles im Leben geschafft haben. Vielleicht schreiben Sie einfach hier in das Buch, was das alles gewesen ist. Gehen Sie ruhig zurück bis in Ihre Kindheit und holen sie wertvolle Ereignisse zurück. Wenn Sie möchten, dann schreiben Sie einige Erfolgsmomente hier in das Buch.

Erfolg benötigt Zeit und eine gute Basis (wie bei einem Haus). Diese Basis können wir nur in uns selbst schaffen, indem wir uns selbst kennen lernen.

Somit entschlüsseln Sie die zweite Codeziffer!

Bedenke:
„WIE INNEN, SO AUSSEN“

Platz für Ihre Erfolgsmomente:

Ziffer 3 - Ihr positiver Raum

Schaffen Sie Ihren positiven Raum, der Ort, an dem Sie zu sich selber finden, an dem Sie sich sicher fühlen.

Ich glaube, dass jeder von uns einen sicheren Raum benötigt, in dem er mal abschalten kann. Für den einen ist das ein separates Zimmer, für den anderen der Zeitraum, in dem er in Gedanken an einen anderen Ort reisen kann und sich dabei sehr wohl fühlt. Für den einen ist es das Zuhause, für den anderen ist es die ganze Welt. Es gibt kein Muss, es gibt nur ein Kann und Darf.

Wenn Sie nach Hause kommen, dann schauen Sie sich ganz bewusst um. Was sehen Sie? Wie fühlen sie sich an diesem Ort? Ist es harmonisch, aufgeräumt, klar? Oder eher unordentlich und chaotisch?

Wenn das Zweite zutrifft, dann sorgen Sie für sich, suchen Sie sich einen Raum, eine Ecke, die Sie sich so herrichten, dass Sie sich dort wohlfühlen werden. Ein Ort der Ruhe und Stille, vielleicht mit Musik. Es kann auch sein, dass dieser Ort für Sie in der Natur ist und Sie dort besonders gut zu sich finden. Wertvoll ist es, wenn Sie jederzeit dorthin gehen können.

Wenn Sie diesen Raum für sich gefunden haben, dann haben Sie die Möglichkeit, sich auf sich und Ihre Vorhaben zu konzentrieren.

Für einige Menschen besteht dieser Raum auch nur in Gedanken, das gibt es auch, sie schließen die Augen und schalten komplett ab.

Wo befindet sich Ihr positiver Raum?

Der Langsamste, der sein Ziel nicht aus den Augen
verliert, geht noch immer geschwinder,
als jener, der ohne Ziel umherirrt.

Gotthold Ephraim Lessing

Ziffer 4 - Ihre Vision

Kennen Sie Ihre Vision? Was wollen Sie erlebt haben, bevor Ihr Leben zu Ende ist?

Wozu brauchen Sie eine Vision? Ist die Vision mein Ziel? Ich glaube die Vision ist der große Herzenswunsch, den wir in uns tragen. Unsere Vision unterstützt uns in unseren Vorhaben und lenkt unser Handeln und Tun. Eine Vision ist sicherlich noch mehr als ein Ziel, so etwas wie das ganz große Ziel im Leben, halt etwas ganz, ganz Besonderes.

Gestalten Sie ein inneres Bild von Ihrem Ziel, Wunsch, Vision oder Traum. Es ist ab sofort das Bild, das Sie führen wird.
Es ist absolut wichtig, dass Sie Ihre Vision, Ihre Aufgabe, den Zweck Ihrer Existenz kennen. Beschreiben Sie es möglichst bis ins kleinste Detail.

- Wie sieht es aus?
- Wie fühlt es sich an?
- Wie riecht es?
- Was kann ich dafür tun?

Was würden Sie tun, wenn Sie wüssten, Sie können nicht scheitern? Was löst in Ihnen ein brennendes Verlangen aus?
Was ist Ihre innere Motivation, die Sie immer wieder antreibt, egal, was geschieht?

Nutzen Sie folgenden Platz für Ihre Beschreibung:

Ziffer 5 - Ihr Weg

Bewegen Sie sich auf Ihrem Weg?
Sind Sie selbstbestimmt oder fremdbestimmt unterwegs? Bleiben Sie auf dem direkten Kurs zu Ihrem Ziel oder schweifen Sie hier und da ab, lassen sich gerne ablenken und von anderen führen?

Im Leben begegnen wir vielen Menschen, die es anscheinend gut mit uns meinen. Kennen Sie das auch? Angefangen mit unseren Eltern, Geschwistern und Freunden. Der Eine und Andere sagt uns dann, was wir unbedingt machen sollten, was unumstritten das Beste für uns wäre. Kennen Sie das auch? Teilweise machen wir es dann auch, ganz gegen unser inneres Gefühl, und schon sind wir weg von unserem Weg.
Es ist ja so einfach, sich auf andere zu verlassen, fast schon natürlich, den Weg des geringsten

Widerstandes zu gehen, doch wo werden Sie dann landen? Vielleicht dort, wo die Anderen sein wollen.

Selbstbestimmt oder fremdbestimmt? Hinterfragen Sie an dieser Stelle einmal, wie gut die Ratschläge anderer für Sie wirklich waren? Waren es Chancen oder Ablenkungen?

Herr, gib mir die Gelassenheit,
Dinge anzunehmen, die ich nicht ändern kann, denn ich kann Vergangenes nicht ändern.

Gib mir den Mut, die Dinge zu ändern, die ich ändern kann.

Und gib mir die Weisheit, das eine vom anderen zu unterscheiden.

Pilgergebet

Erfolgreiche Menschen entscheiden bewusst und schnell und ändern Ihre Entscheidung nie oder nur langsam.

Gibt es Ihren Leben viel Ablenkung? Nehmen Sie sich Zeit, denken Sie darüber nach und schreiben Sie auf, was oder wer Sie ablenkt:

Ziffer 6 - Ihr Fokus

Bündeln Sie Ihre Energie auf die Dinge, die Sie wirklich wollen. Entscheiden Sie sich für eine fokussierte oder zerstreute Lebensart.

Mit Fokus werden Sie alles im Leben schneller erreichen, wenn Sie dies mit Leichtigkeit angehen.

Sehen Sie sich das Bild an, was meinen Sie, würde das Feuer entzünden, wenn die Lupe ständig hin und her geschwenkt würde? Stellen Sie sich vor, sie hätten 100% Energie für Ihre Vorhaben zur

Verfügung und Sie haben zwei Dinge die Sie voranbringen wollen. Bleiben rechnerisch 50% Energie für beides übrig, richtig?

Nun stellen wir uns vor, sie haben 10 Dinge am Laufen. Richtig, rein rechnerisch bleiben nun nur noch 10% für jedes Vorhaben übrig. Sie sind somit enorm geschwächt und verlangsamt. Wollen Sie nun in Zukunft schneller und kraftvoller nach vorne streben, dann heißt es **LOSLASSEN.**

Loslassen scheint einem manchmal wesentlich schwieriger, als es wirklich ist. Ehrlich gesagt, das Loslassen an sich ist ganz leicht. Nehmen Sie mal bitte einen Stift in die Hand. Schauen Sie sich den Stift genau an und umgreifen Sie ihn. Nun halten sie den Stift genau vor sich, mit dem Handrücken nach oben. Zählen Sie bis 3 und öffnen Sie Ihre Hand. Herzlichen Glückwunsch, Sie haben gerade erfolgreich losgelassen.

Nicht das Loslassen macht es uns schwierig, sondern die Emotionen, die mit an der Person, Situation oder dem Ding hängen, richtig?

Später werde ich in diesem Buch beschreiben, wie Sie Ihre Emotionen dazu verändern können.

Bitte gehen Sie nun einen Moment in sich und überlegen, was oder wen Sie in Ihrem Leben loslassen wollen. Machen Sie dazu einfach eine Prioritätenliste:

1) Was ist mir sehr wichtig

____

____

____

____

____

2) Was ist mir weniger wichtig

____

____

____

____

____

3) Was kann einfach noch warten

Ziffer 7 - Geben kommt vor Nehmen

Geben Sie gerne Ihre Zeit, Ihr Geld, Ihre Liebe, Ihre Energie und Ihre Talente. Verbessern Sie das Leben anderer Menschen und nehmen Sie auch dankbar das an, was andere Menschen zu geben haben!

Hier in Hamburg gibt es viele Zeitungsverkäufer von „Hinz und Kunz“, einem Straßenmagazin von Obdachlosen. Einmal im Monat kaufe ich eine Zeitschrift und drücke lächelnd dem Verkäufer einen Geldschein in die Hand und sage: „Stimmt so!“ Wissen Sie, was für ein warmes und herzliches Gefühl in mir aufkommt, wenn der Zeitungsverkäufer realisiert, was gerade passiert ist und anfängt zu strahlen und dann ein „Danke, vielen Dank!“ zu hören ist? Jetzt beim Schreiben bekomme ich noch eine Gänsehaut vor Freude und genau das ist einer der Turbos, die uns in eine höhere positive Schwingung versetzen.

Grade, wenn es Ihnen mal nicht so gut geht, Sie vielleicht in einem Tief hängen, schenkt Ihnen so ein Gefühl Freude und Fülle, die zu Ihnen zurückkommen.

Haben Sie ein, zwei oder drei Ideen, wie Sie anderen Menschen eine Freude machen können? Dann notieren Sie sie gleich hier:

Schenkens Lohn ist wie die Saat,
die aufgeht: Reiche Ernte naht, wenn reichlich
ausgestreut man hat.

Walther von der Vogelweide

Sie schenken und spenden mit Berechnung? Nach dem Motto: „Ich gebe und muss damit etwas wieder bekommen."

Wenn Sie glauben, dass Sie mit berechnendem Schenken etwas zurück erhalten, dann werden Sie nichts ernten!

Nur das Schenken aus dem Herzen heraus, mit ehrlicher Hingabe kann die Saat zum Öffnen bringen.

Ziffer 8 - Mut

Sich der eigenen Angst stellen und Handeln, das ist **MUT**!
Wagen Sie den Schritt - Mut verleiht Ihnen Größe und stärkt das Selbstvertrauen. Genau das macht Sie erfolgreicher, macht Sie stark und verleiht Ihnen Entschlusskraft. Geben Sie niemals auf, zeigen Sie **Durchhaltevermögen** und seien Sie sich sicher, dass Sie alles erreichen können, wenn Sie nur wirklich daran glauben und Ihr inneres **Verlangen** am Brennen halten.

Sie verspüren ab und an Angst oder leiden unter Ängsten? Was genau macht Ihnen Angst? Ist es greifbar oder nur angenommen?

Mut verleiht uns die **universelle Energie**, das zu schaffen, was wir uns vorgenommen haben. Wagen Sie den Schritt durch die Angstmauer, seien Sie mutig und verlassen Sie Ihre Komfortzone.

Ziffer 9 - Gedanken und Gefühle

Gedanken oder Gefühle, was ist wichtiger?

Heute ist wissenschaftlich belegt, dass sämtliche in unser Nervensystem hereinkommenden **Sinneswahrnehmungen zuerst** vom Limbischen System, also **emotional bewertet werden.**

Hier wird entschieden, ob ein Reiz bzw. ein Impuls von außen subjektiv für uns gute, neutrale oder schlechte Auswirkungen hat. Emotionen werden im Gehirn also vom limbischen System organisiert. Dieses „Emotions-Gehirn“ liegt unter dem Cortex – unserem „Denkhirn“.

Achtung! Erst nach einer limbischen Vorentscheidung, also der Bewertung, werden die Informationen zum Cortex, dem „Denkhirn“, weitergegeben, der sogenannte Gedanke entsteht erst jetzt!

Dies belegt, dass bereits vor dem **Gedanken eine Emotion entstehen kann**, die uns zu einer bestimmten Handlung führt. Interessant, nicht wahr?

Nicht nur, dass unsere Emotionen ein wesentlich stärkeres Schwingungsfeld haben, als unsere Gedanken. Sie können auch OHNE die Gedanken entstehen, hervorgerufen durch einen Impuls, bewertet durch das Limbische System, umgewandelt in die Handlung. Ich kann es gar nicht oft genug sagen. Gefühle steuern uns auch unabhängig von unserem Denken!

Die Lösung um andere Resultate in unserem Leben zu erhalten besteht darin, dass wir unsere Emotionen zu den Dingen, Personen und Situationen verändern - **PUNKT.**

Achten Sie vor allem auf Ihre Gefühle, dann auf die Gedanken und Selbstgespräche mit den Selbstantworten - diese formen das, was Sie heute sind. Hören Sie auf **Ihre innere Stimme**, Ihr inneres Gefühl, das wahre ICH und es wird Sie leiten und Ihnen eine Richtung geben. Erinnern Sie sich an Ihr **Bauchgefühl**.

Seien Sie ihr bester Freund: Ermutigen Sie sich, sprechen Sie sich gut zu und loben Sie sich. Die innere Einstellung zu uns selbst, das Gefühl, das wir zu uns selbst haben, beeinflusst direkt unseren Weg und somit unseren Erfolg oder Nicht-Erfolg.
Hören Sie ab und an negative Stimmen in sich? Dann sagen sie: „Danke, für den Hinweis! Jetzt werde ich aufbauend und positiv denken:

„**W**as **w**ill ich **w**irklich“

Wussten Sie, dass eine einzige negative Aussage 17 positiver Aussagen bedarf, um die negative Aussage emotional zu neutralisieren, also einen Schwingungsausgleich zu bewirken.

Wie und was denken Sie denn so den ganzen Tag über sich und ihr Leben und Ihr Umfeld?

Notieren Sie es bitte gleich hier:

____

____

____

____

____

Und? Ist das Ergebnis eher Negativ oder Positiv?

"Wir sollten erkennen, dass eine ungeheure Kraft in uns allen liegt, die wir aber nicht nutzen können, solange wir uns als Opfer fühlen."

Rudolf Dreikurs

Gibt es wirklich erfolgreiche Opfer?

Seien Sie ehrlich mit sich und schauen Sie bewusst in den Gedankenspiegel. Nur so entdecken Sie die kleinen Stolpersteine in Ihrem Leben.

Gibt es Stolpersteine in Ihrem Leben? Dann notieren Sie es gleich hier:

Ich persönlich nutze für mich **Afformationen.**

Unter:
http://www.emotionsdesignerin.de/Afformationen

finden Sie als Leser dieses Buches ein Gratis-Video mit Afformationen zum Thema Geld, das Sie sich täglich im Internet anschauen können.

Afformationen helfen, die Schwingungsenergie in den positiven Bereich zu heben.

Das was ich ausstrahle, ziehe ich an!
Schenken Sie jemandem ein Lächeln und Sie erhalten ein Lächeln zurück.

Die neuesten wissenschaftlichen Erkenntnisse beweisen zweifelsfrei, dass Menschen durch Ihre Gedanken, Gefühle und Überzeugungen zu mehr in der Lage sind, als bisher gedacht. Besonders die emotional verstärkten und gespeicherten Überzeugungen sind es, die ein gewaltiges

Energiefeld aufbauen. Und alles, was mit diesem Energiefeld mitschwingt, wird von dieser Schwingung ergriffen und kann gar nicht anders als mitzuschwingen, bzw. wird angezogen.

Wie groß die ausgestrahlte Energie von Gedanken und dem Herz ist, haben Untersuchungen des HeartMath Instituts USA deutlich gezeigt.

Die elektrische Kraft des Herzsignals (EKG) ist bis zu 60-mal stärker als das elektrische Signal des Gehirns (EEG). Das magnetische Feld des Herzens ist sogar 5000-mal stärker als das des Gehirns.

Wir senden über unser Herz, und deshalb mit unseren Gefühlen wesentlich mehr Energie aus als über unser Gehirn und unsere Gedanken.

Somit wird klar, dass unsere Emotionen einen wesentlich stärkeren Einfluss auf uns und unser Handeln haben als unsere Gedanken. Das HeartMath Institut USA hat sogar bewiesen, dass unsere Emotionen Materie verändert.
Auch der Forscher Dr. Masaru Emoto hat anschaulich mit Bildern von gefrorenem Wasser gezeigt, wie sich Materie verändert, wenn die Wassermolekühle positiven oder negativen Gedanken ausgesetzt werden.

Ein Gedanke, ohne ein wahres Gefühl ist weniger stark, als ein Gedanke mit einer starken Emotion und festem Glauben.

Interessant ist, dass wir Emotionen zu einem Gedanken ändern können.

Nehmen wir als Beispiel die Angst: Angst vor Höhe, vor bestimmten Tieren, vor bestimmten Situationen.

Gehen wir in eine Situation mit einer hohen negativen Emotion, ist es möglich, dass wir die Kontrolle über uns verlieren

Beispiel:

Eine Frau hat **Angst vor Schlangen**. Sie geht ihren Neffen besuchen und dieser hat ein neues Haustier, eine Schlange. Nichts ahnend, geht die Frau in das Zimmer, in dem der Neffe die Schlange um den Hals hängen hat. Sie sieht die Schlange, erschrickt und schreit auf. Sie geht nun rückwärts aus dem Zimmer, tritt auf ein Spielzeugauto, das sie so nicht sehen konnte, rutscht aus, fällt und schlägt sich an der Kommode den Kopf an.

Was ist passiert?
Impuls: Bild der Schlange
Gedanke: Schlange

Emotion: Angst, Panik
Handlung: rückwärtslaufen
Resultat: hinfallen

Nehmen wir an, genau diese Frau hätte die Panik und Angst vor der Schlange in einer Sitzung in ein neutrales, gleichgültiges Gefühl (mit 2-Punkt-

Methode oder Quantum-Wave) umändern können, wie wäre der Ablauf dann?
Impuls: Bild der Schlange
Gedanke: Schlange

Emotion: Gleichgültigkeit
Handlung: stehen bleiben
Resultat: Gespräch mit dem Neffen

Was ist nun ausschlaggebend an diesem Ablauf? Der Gedanke, oder das GEFÜHL zu dem Gedanken?

Wenn wir die Gefühle zu einem Gedanken beeinflussen können - und das können wir mit der richtigen Vorgehensweise oder Methode - dann können wir somit unsere Handlungen und Resultate durch unsere Emotionen verändern, richtig?

Gedanke -> positives Gefühle -> positive Handlung -> positives Resultat.

Gleiches gilt, wenn wir mit positiven Gedanken starten.

Darum steht für mich fest:

Haben Sie mehr als 51% positiver Gefühle am Tag, produzieren Sie automatisch überwiegend positive Resultate in Ihrem Leben.

ACHTUNG! Nutzen Sie Affirmationen? Diese können leider auch zu negativen Gefühlen führen!
Affirmationen sind Befehlssätze für das Unterbewusstsein. Sie werden angewandt, um Gewünschtes in unser Leben einzuladen.
Auf den ersten Blick betrachtet, sind Affirmationen einfach positiv formulierte Sätze. Also Bejahungen, die unsere Lebensziele verstärken.
Doch in Wirklichkeit bewirken sie wesentlich mehr, sie verursachen Emotionen, positiv wie negativ, und genau das ist eine nicht zu verachtende **Erfolgs-Stolperfalle**! Wie kommt das?

Nehmen wir die Affirmation: „Ich bin reich und schön."
Wenn ich nun aber genau weiß, dass mein Konto reichlich in den Miesen ist oder ich mich selber potthässlich finde, dann mischt sich sofort unsere Gedanken-Maschine ein: „Das stimmt doch gar nicht, du belügst dich doch gerade selbst, das kann doch gar nicht funktionieren ..."

Was passiert? Blitzschnell entstehen negative Gefühle und alles nimmt seinen Lauf.

Im Vergleich dazu die Afformationen nach Noah St. John*, die in einer Frageform gestellt werden: „**Warum** bin ich reich und schön?“

Wie fühlt sich diese Frage an? Ich verspüre sofort ein angenehmeres Gefühl und mein Gehirn fängt sofort an, nach einer Antwort zu suchen - unterbewusst, ganz automatisch. Positive Gefühle - positive Handlungen - positive Resultate.

Einfach und genial, nicht wahr?

*Buch: Erfolg ist kein Zufall - Noah St. John

Platz für Ihre Notizen:

Ziffer 10 - Authentizität

Einer der wichtigsten Punkte in meinem Leben: Authentizität. Zeigen Sie sich so, wie Sie sind und sie erreichen damit die richtigen Menschen in Ihrem Leben. Es bedeutet für mich **Freiheit**, so sein zu können wie ich bin. Es gab auch in meiner Karriere Momente, in denen ich dachte: „Christine, nun pass auf, was du sagst und sei mal ganz businesslike!“ Wenn Sie wissen wollen, wie sich das angefühlt hat, dann kann ich nur sagen: Saublöd und zum gewünschten Ergebnis ist es dann natürlich auch nicht gekommen. Ich bin so wie ich bin, und das ist auch gut so. Ich gehe meinen Weg, auch wenn mich zig Menschen davon abhalten wollten und es dabei nur gut mit mir meinten. Ich halte meinen Fokus!

Gehen Sie Ihren Weg, den Weg, den SIE gehen wollen. Folgen Sie Ihrer Intuition, Ihrer inneren **Stimme** und **Ihren Gefühlen**! Ihr Unterbewusstsein weiß, was Sie wollen und führt sie durch Ihre Gefühle auf den richtigen Weg.

Seien Sie dabei flexibel und anpassungsfähig, so dass sie fähig sind, Ihrem Ziel näher zu kommen. Wenn Sie spüren, dass sich auf Ihrem Weg etwas schlecht anfühlt, sich negative Gedanken einstellen, dann nehmen Sie auch einmal eine Richtungskorrektur vor. Wagen Sie auch einen Richtungswechsel, wenn es nötig ist!

Sie haben ein inneres Navigationsgerät, das ganz, ganz einfach funktioniert:

Richtige Richtung zum Ziel:
Gutes Gefühl:

Weiter so!

Falsche Richtung
Schlechtes Gefühl:

Bitte wenden!

Gut, wer mich schon kennt, weiß, dass es da auch noch das Gefühl für die **Komfortzone** gibt, die ein

Mix aus beiden ist: Ich fühle mich wohl, da wo ich gerade bin und wenn ich mich verändern will, dann wird es unangenehm.

Wenn ich mich davon abhalten lasse, dann befinde ich mich im Stillstand.

Ausweg: Mutig sein und ab durch die Mitte.

Ziffer 11 - Glaube

Für den einen mag nun die nächste Ziffer selbstverständlich sein, für den anderen vielleicht befremdlich. Doch was alle erfolgreichen Menschen auf der Welt vereint, ist der Glaube an sich selbst. Die Schau nach innen, das **Entdecken des Spirits**, das wahre Ich, das Erkennen der eigenen inneren Welt.

Eine gewisse Inspiration treibt uns an, im Körper laufen unzählige Reaktionen ab, ohne dass man daran denkt ... **Spirituelle Intelligenz**, die uns leben lässt.
Alles, was wir sehen ist spirituell, wie die 2 (3) Seiten einer Münze, die wir sehen - materiell und spirituell sind - entstanden aus dem Geist, aus einer Idee geboren, umgesetzt und erschaffen.

Nach den universellen Gesetzen sind wir mit allem verbunden. Alles ist eins. Wenn wir davon ausgehen und unseren inneren Frieden finden, alles im Außen auch als unser anerkennen, dann entdecken wir unseren wahren Spirit und sind offen und bereit Erfahrungen zu machen - negative, wie positive und dabei weiter nach vorne zu gehen.
Die meisten Wege sind kurvenreich, spannend und neu. Seien Sie flexibel und richten Sie sich immer wieder neu aus.

An Dinge zu glauben, die Sie sehen und anfassen können hat mit Glauben nichts zu tun. An das Unsichtbare zu glauben ist ein Trumpf und Segen.

Zitat Abraham Lincoln

Ziffer 12 - Der Erfolgsfaktor

Schalten Sie den Erfolgsturbo ein:
Seien Sie dankbar. Dankbarkeit ist eines der stärksten und wichtigsten Gefühle, das wir haben. Es beinhaltet eine gewisse Wertschätzung und steigert den Wert einer Person, einer Situation oder einer Sache.

Je größer die Dankbarkeit, desto erfüllter wird Ihr Leben.

Doch wie wäre es, wenn wir so viel positive Energie willentlich ohne fremde Hilfe erzeugen würden, so dass es alles Negative überwiegt? Wie wäre es, wenn wir dafür magische Werkzeuge nutzen könnten, um unsere Schwingung in kürzester Zeit auf ein sehr positives Level zu heben?

In Ihnen stecken zwei dieser magischen Werkzeuge:

Liebe und Dankbarkeit!

Heute möchte ich Ihnen den Zauberschlüssel der Dankbarkeit an die Hand geben. Dankbarkeit ist neben der Liebe eine der höchsten und positivsten Energien, die wir kennen und so einfach für uns nutzen können.

Der eine oder andere wird sich vielleicht an dieser Stelle fragen: „Wofür soll ich im Moment dankbar sein, so wie es mir gerade geht ?“

Es geht um das Gefühl im Innern, damit wir das Außen damit manifestieren. Das Außen ist nur das Resultat unserer Vergangenheit. Die Vergangenheit ist geschehen und passiert, die Zukunft jedoch können wir ändern, mit unseren Gedanken und Gefühlen.

Bestimmen sie nun auf einer Skala von 1-10 Ihr aktuelles Gefühl. Die 1 entspricht dabei einem Gefühl der Euphorie und die 10 ist eher Traurigkeit, die 5 ist neutral.

Mein aktuelles Gefühl auf der Skala entspricht einer: „_______"

Nun gehen Sie bitte auf die Suche nach positiven Gefühlen, Gedanken und Situationen, für die Sie Dankbarkeit empfinden und schreiben Sie auf, warum es so ist. Fangen wir doch einfach mal an:

„Ich bin glücklich und dankbar für mein Zuhause, weil es mir Sicherheit und Geborgenheit schenkt."

„Ich bin glücklich und dankbar für meine Arbeit, weil sie mir Spaß macht und ich anderen Menschen helfen kann."

Ergänzen nun Sie bitte die folgenden Sätze:

„Ich bin glücklich und dankbar für

____,

weil____."

„Ich bin glücklich und dankbar für

____,

weil____."

„Ich bin glücklich und dankbar für

____,

weil____."

„Ich bin glücklich und dankbar für

____,

weil____."

„Ich bin glücklich und dankbar für

____,

weil____."

„Ich bin glücklich und dankbar für

____,

weil____."

„Ich bin glücklich und dankbar für

____,

weil____."

„Ich bin glücklich und dankbar für

____,

*weil*____.“

„Ich bin glücklich und dankbar für

____,

*weil*____.“

„Ich bin glücklich und dankbar für

____,

*weil*____.“

„Ich bin glücklich und dankbar für

____,

*weil*____.“

„Ich bin glücklich und dankbar für

____,

*weil*____.“

Fertig? Klasse! Lesen Sie die ergänzten Sätze jetzt bitte laut vor und fügen Sie jedem Satz die Zauberwörter: Danke, Danke, Danke! hinzu. Machen Sie das Ganze mit viel Gefühl!

Bestimmen sie nun auf einer Skala von 1-10 Ihr aktuelles Gefühl wie oben. Jedoch erst, wenn Sie die Übung oben vollständig gemacht haben. Danke.

Mein aktuelles Gefühl auf der Skala von 1-10 entspricht einer: ___

Sicher haben Sie nun festgestellt, dass sich Ihre Gefühls-Skala nach oben bewegt hat, richtig? Das freut mich sehr, ich gratuliere Ihnen zu dieser Erfahrung! In diesem Moment ziehen Sie mehr positive Momente und Dinge in Ihr Leben, als noch vor der Übung.

Ich mache diese oder ähnliche Übungen fast **täglich** und fühle mich dadurch immer besser, besser und besser. Natürlich macht sich das auch in meinen Resultaten im Umfeld bemerkbar.

Sofern Sie diese Übungen einfach täglich anwenden - gerne auch mit Varianten auf Geld, Gesundheit, Partnerschaft und Familie - bewegen Sie sich immer weiter aufwärts auf der positiven Erfolgsspirale, und ziehen immer stärker, immer schneller gewünschte Situationen und Dinge in Ihr Leben ... **versprochen!**

Platz für Notizen:

Die Erfolgsspirale

Diese Spirale ist vielleicht das wichtigste Teil des Geheimcodes, der Sie dazu befähigt, sich immer wieder neu und dauerhaft auf Erfolg einzustellen. Richtig, Sie können sich mit Hilfe der Erfolgsspirale auf die gewünschte Emotion einstellen und somit schneller und effektiver positive Dinge in Ihr Leben ziehen.

Mit der Grafik der Erfolgsspirale bestimmen Sie Ihre aktuelle Emotion und überprüfen gleichzeitig was Sie mit dieser Stimmung gerade bewirken.

Je positiver Ihr Gefühl, desto höher und stärker ist Ihre positive Ausstrahlung nach außen.

Ich gehe sogar so weit, dass ich behaupte, je höher Sie sich mit Ihrer Emotion (Grafik 1-4) befinden, um so SELBSTBESTIMMTER gehen Sie durch Ihr Leben. Im Gegenzug, je niedriger und negativer Ihre Ausstrahlung ist (Grafik 6-10), um so FREMDBESTIMMTER sind Sie.

Logisch, dass das Bestreben darin liegen darf, jeden Tag möglichst gute Schwingungen zu produzieren, nicht wahr?

Mit der vorherigen Dankbarkeitsübung können Sie in kurzer Zeit einige Emotionsstufen auf einmal ansteigen. Dies ist ganz situations- und personenabhängig, ich weiß nur so viel:

ES KLAPPT - Garantiert!

Notieren Sie hier bitte Ihre Emotionen, die Sie zum größten Teil im Alltag spüren:

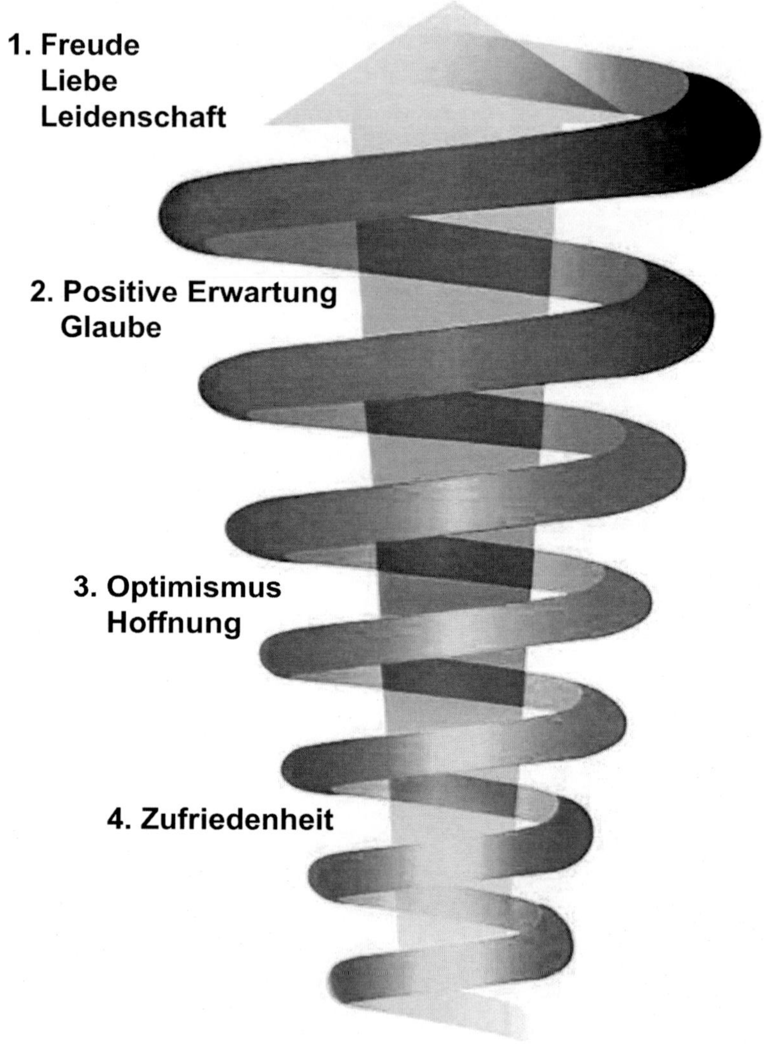
1. Freude
Liebe
Leidenschaft
2. Positive Erwartung
Glaube
3. Optimismus
Hoffnung
4. Zufriedenheit

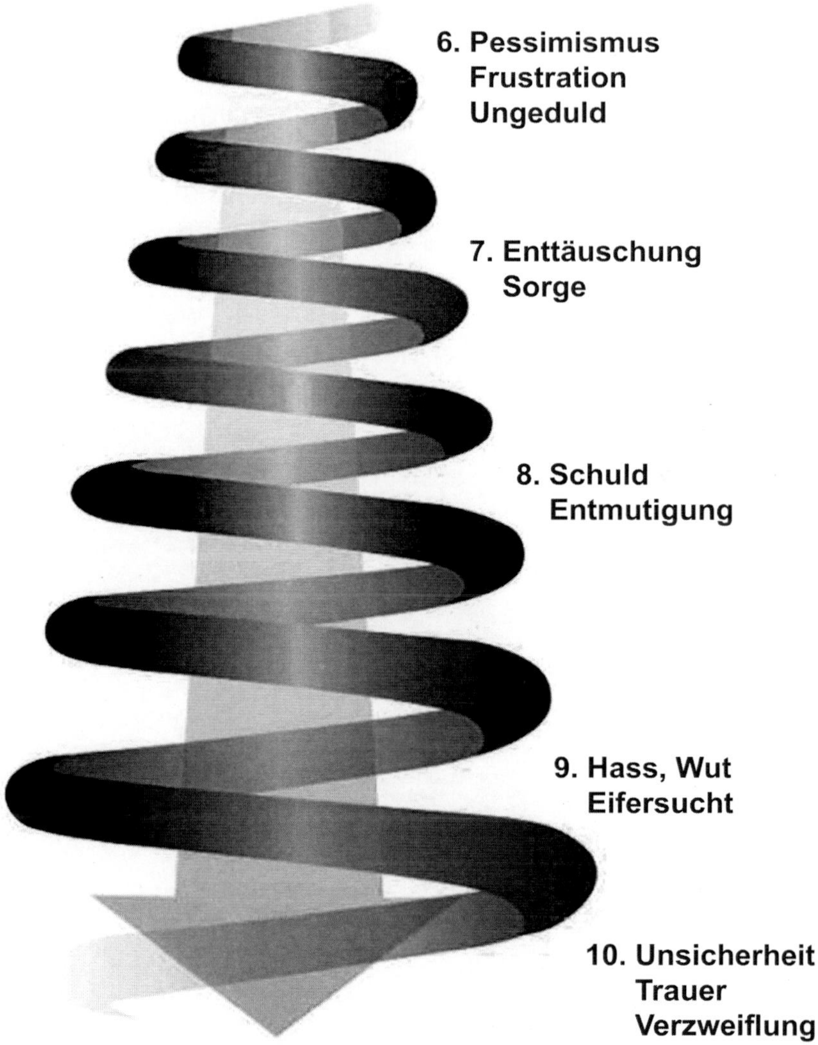
6. Pessimismus
Frustration
Ungeduld
7. Enttäuschung
Sorge
8. Schuld
Entmutigung
9. Hass, Wut
Eifersucht
10. Unsicherheit
Trauer
Verzweiflung

Emotionen wirken - innen, wie außen

Unser Gesicht ist ein wundervoller Spiegel unseres Gemütszustandes, es zeigt im Außen sehr oft, was wir im Inneren fühlen und kann dabei sogar unsere gesamte Körperhaltung mit beeinflussen.

Sicher kennen Sie auch den Anblick, wenn Menschen die Schulter hängen lassen und vielleicht auch noch den Kopf leicht nach vorne fallenlassen ...

Achtung! Es geht auch umgekehrt!

Wer auf seine Körperhaltung achtet und korrigiert, kann damit auch seine innere Haltung positiv beeinflussen. Stehen und gehen Sie grade mit einem hoch erhobenen und lachenden Gesicht. Wie ein sehr geschätzter Kollege, Freund und Mentor - Torsten Will zu sagen pflegt: „Tun Sie so, als gingen Sie durch eine Tür, an deren Rahmen eine Praline hängt und schnappen sie zu. Gehen Sie nun weiter mit einen Lächeln und beginnen Sie in dem Moment neu."

Haben Sie sich schon mal überlegt, warum der Dalai Lama immer lächelt?

Ganz einfach, wer lächelt, kann dabei nichts Böses denken. Probieren Sie es einfach mal aus.

Und noch ein schönes Beispiel, das ich von Frau Vera F. Birkenbihl lernen durfte:

Wenn Sie mal völlig schlecht gelaunt und gestresst sind, Ihr Umfeld Sie einfach nur noch an nervt,

dann folgen Sie folgender Anweisung:

Suchen Sie sich einen ruhigen Ort, an dem Sie ungestört sind, optimal mit Spiegel, wenn nicht, ist es auch ok. Nun ziehen Sie Ihre Mundwinkel soweit sie können nach hinten, bis Sie sich wie ein Breitmaulfrosch fühlen.

60 Sekunden lang durchgehend durchhalten ist nun angesagt. Weiter machen, los, Sie schaffen das! Was passiert?

Sie stimulieren nun mit den angespannten Muskeln zwei ganz bestimmte Punkte im hinteren Gesichtsbereich, die dafür sorgen, dass nun nach kurzer Zeit ein Hormon vom Gehirn ausgeschüttet wird.-

Diese Hormonausschüttung schafft es, dass Sie nun wieder bessere Laune bekommen und um einiges gelassener sind.

Sie beruhigen sich im INNEREN und wirken im AUSSEN angenehmer und ziehen wieder positive Dinge in Ihr Leben.

Und schon wieder geht es ein Stück weiter rauf auf der Erfolgsspirale.
Sie können sich von negativen Emotionen der Abwärts-Spirale jederzeit auf die positive Seite bringen, in dem Sie eine oder mehrere Übungen aus diesem Buch machen.

Wenn Sie es ganz genau wissen wollen, dann kommen Sie zu meinem Seminar: „Geheimcode: Erfolgsspirale". Weitere Informationen dazu finden Sie auf meiner Homepage: http://www.christinehofmann.com/

Lächeln erlaubt ...

Eine der einfachsten Übungen überhaupt ist das Verschenken eines Lächelns.

Starten Sie in den Tag und lächeln Sie Ihr Spiegelbild an - das ist für den Einen oder Anderen vielleicht schon der schwerste Part.

Wenn Sie telefonieren, lächeln Sie dabei, egal worum es geht, ganz egal!

Ihnen nimmt jemand die Vorfahrt? Lächeln Sie und danken Sie dafür, dass Sie diese Situation zum Lächeln erhalten haben.

Ihnen kommt jemand quer? Lächeln Sie!

Die Ampel springt auf rot , obwohl Sie es eilig haben? Lächeln Sie!
Ihnen ist gerade nicht zum Lachen? Lächeln Sie!

Sie sind gerade stinksauer? Lächeln Sie!

Lächeln Sie einfach mal den ganzen Tag und beobachten Sie, was alles passiert.

Diese so leichte Übung kann eine große Herausforderung sein ... Sind Sie bereit dafür, bereit erfolgreich und glücklich zu sein?

Was glauben Sie, wie sich das dauerhafte Lächeln auf Ihre persönliche Erfolgsspirale auswirken wird?

MEINE Erfolgsgesetze

Wie vielleicht bekannt, bin ich großer Fan von Napoleon Hill, Bob Procter und vielen, vielen weiteren Erfolgstrainern dieser Welt.

Alles, was mir gezeigt oder beschrieben wurde, habe ich persönlich getestet und für mich in mein Leben intregriert.

Im Folgenden möchte ich einige meiner Erfolgsgesetze, die ich persönlich für sehr wichtig halte, aufführen. H**ier schreibe ich meine persönlichen und wichtigsten Regeln** auf, und zwar ergänzend und wiederholend zu den 12 Ziffern des Geheimcodes in diesem Buch.

In meinen Coachings fällt mir immer wieder auf, wie wichtig es ist, auf diese Punkte zu achten. Es gibt Menschen, die automatisch von sich aus so handeln, es gibt aber auch die anderen Menschen, die sich Erfolg und Glück erst intensiv erarbeiten dürfen. Das positive Fazit daraus: **Alles ist für jeden möglich.**

Los geht´s:

Finde Deinen wahren Wunsch, Dein wahres Ziel heraus, für das Du fast alles in Deinem Leben geben würdest - **W.W.W**. - **W**as **w**ill ich **w**irklich?

Achte auf Deine Gefühle und Deine Gedanken, sie kreieren Deine Welt - Nutze die **Erfolgsspirale**

Nutze die Tipps und Werkzeuge erfolgreicher Menschen, wende sie regelmäßig an, je mehr Du sie brauchst, um so öfter. Wende Dein WISSEN aktiv an!

Glaube an Dich und die Dinge, die Du tust, bleibe bei Dir, **sei authentisch**, egal, was die anderen sagen.

Aktiviere Deine Fantasie, nutze Deine Kreativität, um Deiner Zukunft schon jetzt ein Bild zu geben - **Visualisiere**.

Nutze Deine **ENTSCHLUSSKRAFT**, das wertvollste Werkzeug, das Du selber in Dir trägst.

Bist Du in der Lage einen ENTSCHLUSS zu fassen, wirst Du auch in der Lage sein, das Vorhaben wie erwartet durchzuführen.
Erfolgreiche Menschen entscheiden sich schnell und ändern ihre Meinung nur nach reichlicher Überlegung und Abwägung.

Planung und Brain-Trust

Der Weg ist bereits das Ziel, deshalb suche Dir Partner, die Dir auf dem Weg helfen - ein Kreis kluger Köpfe, ein **Mastermind**.

Beachte dabei folgende Punkte:

- Selbstvertrauen
- Selbstbeherrschung
- Gerechtigkeitssinn
- Überlegtes Vorgehen
- Zuverlässigkeit
- Einfühlungsvermögen
- Ein Auge fürs Detail
- Bereitschaft, Verantwortung zu übernehmen
- Fähigkeit zur Zusammenarbeit

Überprüfe kontinuierlich die eigene Arbeitsweise und die Fortschritte und lasse Dich nicht durch Rückschläge entmutigen.
Ein wellenförmiges Auf und Ab ist normal = **Das Gesetz des Rhythmus**

Ausdauer - **Bleib am Ball**, schaffe Dir erfolgsfördernde Gewohnheiten. Was genau bringt dich Deinem Ziel näher?

Wissen ist Macht - wenn man sie anwendet. Sauge **Wissen** immer und immer wieder auf - das was für Dich wichtig ist, wird sich deutlich zeigen. Lerne und gib das Wissen weiter, das Dich selber begeistert. Du ziehst die richtigen Menschen dafür in Dein Leben.

Finde wieder zu deiner **Intuition**, höre auf Dein Bauchgefühl - es ist der Zugang zum universellen Wissen und gibt Dir einen der machtvollsten Schlüssel an die Hand.

Beachte das **Gesetz des Vakuums**. Überall, wo eine Leere entsteht, wird diese durch etwas Neues ersetzt. Lasse ich etwas los, wird etwas Neues (Besseres) kommen.

Achte auf **Dein Umfeld** und die Menschen, mit denen Du Dich umgibst. Du bist der Durchschnitt von den 5 Menschen, mit denen Du Dich am meisten umgibst. Vergleiche Dich mit einem Garten und schau genau hin, was darin blüht. Schöne und ansehnliche Blumen und Pflanzen oder unschönes Unkraut?

Zulassen ist die **Abwesenheit von Zweifel**, Wenn Du Zweifel hast, frage Dich: Warum? Hinterfrage Dich, ob die Annahme zu 100% wahr ist und überlege, was wäre, wenn es diesen Zweifel nicht gäbe. Löse Zweifel auf, nutze dafür u.a. die Mentalmusik von QUANTUM-WAVE.

Erwarte nur das Beste in Deinem Leben, denn nur dann kann das Gewünschte schnell in Dein Leben kommen.

Herausforderungen sind dazu da, gelöst zu werden. Nutze sie als **Sprungbrett** für etwas Besseres.

Entwickle ein **Wohlstandsbewusstsein** und erkenne den Reichtum in Dir.

Spende jeden Monat mind. 5 -10% Deines Nettoeinkommens vom Herzen und fühle Dich glücklich dabei.

Investiere in Dich und leiste Dir einen **Coach**, der Dich weiter bringt.

Habe Deine Finanzen im Griff: Nutze das 6-Kontenmodell von T. Harv Eker. Bezahle Dich zuerst!

Überprüfe, ob Du Dir Erfolg wirklich erlaubst! (Zum Beispiel mit einer kinesiologischen Testung)

Hier ist Platz für Ihre persönlichen „Erfolgsrezepte“ notieren Sie hier, welche Handlungen Sie positiv beeinflussen:

Umkehrung-Übung

Um herauszufinden, was Sie emotional aussenden wäre es sehr hilfreich, wenn Sie über die nächsten Tage folgende Übung machen:

Legen Sie sich eine vierspaltige Tabelle an, in der Art, wie sie auf der folgenden Seite abgebildet ist.

Suchen Sie sich nun einen der folgenden Lebensbereiche aus:

Gesundheit
Beziehung
Familie
Geld/Finanzen
Beruf/Arbeit
Freunde/Umfeld

Sie können gerne weitere spezifizierte Bereiche hinzufügen und jeden nach und nach für sich erarbeiten.

Nun schreiben Sie in die erste Spalte typische, eher negative Gedanken, die Sie zu dem Thema haben.

Zum Beispiel - Thema Geld:

„Ich habe nicht genug Geld“ 

Danke, sehr gut, Sie haben den ersten Schritt gemacht und nun folgt der zweite:

In der zweiten Spalte schreiben Sie nun eine Umkehrung des Satzes aus der ersten Spalte.
Die zweite Spalte sagt aus, was sie wirklich wollen:

„Ich habe genug Geld!“ 

Sobald Sie eine passende Umkehrung gefunden haben, streichen Sie den Satz in der ersten Spalte einfach durch. Sie haben nun eine Affirmation kreiert.

Achtung! Immer positiv formulieren (verzichten Sie auf Wörter wie: nicht, kein, un...). Schreiben Sie es für sich selbst und in der GEGENWARTSFORM!

Glaubenssatz	Affirmation	Afformation
Ich bin pleite!	Ich habe immer genug Geld!	Warum habe ich ab jetzt immer genug Geld?

Überprüfen Sie nun mal für sich selbst, wie sich die einzelnen Sätze der ersten Spalte anfühlen, bewerten Sie es ruhig in einer Bewertungsskala von 1-10 (1= sehr gut, 5=neutral, 10=sehr schlecht), notieren Sie die Zahlen hinter den Sätzen. Dann machen Sie es mit den Affirmationen in der zweiten Spalte genauso.

Ok, merken Sie für sich einen Unterschied?

In der dritten Spalte wandeln Sie nun die bestehenden Affirmationen in eine Afformation um, indem Sie eine „Warum"-Frage daraus formulieren:

„Warum habe ich genug Geld?" 

Nun beurteilen Sie auch hier jeden einzelnen Satz, wie er sich anfühlt und schreiben eine Zahl von 1-10 dahinter.

Welche Variante fühlt sich für Sie am besten an? Welcher Satz ist der Satz, der sich am besten anfühlt?

Mit diesen Sätzen dürfen Sie in Zukunft bevorzugt arbeiten und positive Schwingungen ausstrahlen.

Notieren Sie hier Ihre Lieblings-Afformationen:

Wie lange?

ist oft die Frage, die ich zu hören bekomme. Wie lange soll ich die Übungen machen, wie oft? Nutzen Sie täglich so viel Zeit wie möglich um positiv zu STRAHLEN. Je schlechter es Ihnen vielleicht geht, umso mehr Zeit dürfen Sie sich für all die Übungen nehmen, die ich Ihnen in meinen Seminaren, Webinaren, Workshops, meiner Webseite und in meinen Büchern aufzeige.

In meinen Krisenzeiten habe ich mich bis zu zwei Stunden am Tag mit solchen und ähnlichen Übungen beschäftigt und meine Situation verbessert. Wie lange es genau dauert, hängt natürlich von der Situation und von jedem persönlich ab.

Ich neige dazu, in schwierigen Situationen ein Power-Programm zu erstellen, in dem meine Klienten genau auf die bestehenden Bedürfnisse verschiedene Übungen und Tools für den Alltag erhalten und natürlich **UMSETZEN - TAG für TAG!**

Denken Sie bitte daran: Ein persönlicher Erfolg hängt auch immer vom persönlichen Einsatz, dem eigenem Handeln ab. Das Universum liefert uns das, was wir bestellt haben, bewusst, wie unterbewusst, doch das Bestellte anzunehmen gehört zu unseren aktiven Aufgaben.

Wenn wir durch Afformationen etwas in und an uns verändern, dann dürfen wir auch im Alltag danach handeln und somit die positiven Resultate in unser Leben ziehen.

Ich liebe Menschen, die mich zum Lachen bringen. Ich glaube wirklich, dass Lachen meine liebste Beschäftigung ist. Es heilt jede Menge Krankheiten. Vielleicht ist es überhaupt das Wichtigste am Menschen.

Zitat von Audrey Hepburn

Es ist nicht genug zu wissen - man muss auch anwenden. Es ist nicht genug zu wollen - man muss auch tun.

Johann Wolfgang von Goethe

Wie kann ich Blockaden selber lösen?

Natürlich gibt es auch Glaubenssätze, die sich nicht so einfach durch ein paar Satzumstellungen in uns umwandeln lassen, bzw. ist es so, als würde man statt der Autobahn der Transformation die Landstraße nehmen.

Deshalb habe ich mich dazu entschlossen, 2 meiner erfolgreichsten Auflösungs-Werkzeuge für Sie hier nieder zu schreiben.

Diese Werkzeuge könnte man durchaus auch als Selbstcoaching-Tool bezeichnen, denn Sie können damit wahrlich einiges zum Positiven für sich verwandeln.

Quantenheilung

Eine wirklich einfache und effektive Methode, die ich jedem ans Herz legen möchte. Ich habe diese Quantum-Methode ca. 2010 kennen gelernt, heute ist sie weltweit verbreitet und hilft Millionen von Menschen.

Die Quantenheilung funktioniert auf dem Prinzip des reinen Bewusstseins, welches sich zwischen unseren Gedankenimpulsen befindet, genau da, wo wir nicht denken! Da es für die meisten Menschen unklar ist, wie sie NICHT DENKEN und trotzdem bei Bewusstsein bleiben, bietet die Quantenheilungstheorie mehrere Anleitungen, um diesen Punkt der Gedankenleere nach und nach zu verlängern. Die folgende Anleitung ist ganz einfach - einfach machen und immer wieder und wieder - Übung macht den Meister.

Die einzelnen Schritte – Kurzanleitung

1: Entspannen Sie sich und kommen Sie innerlich zur Ruhe, vielleicht 1 – 2 Minuten, ganz ruhig und entspannt atmen.

2: Die Gedanken dürfen frei fließen, betrachten Sie Ihre Gedanken und lassen Sie sie weiter ziehen, wie eine Wolke am Himmel, seien Sie wie ein Beobachter.

3: Mit diesem Schritt fragen sie sich nach dem nächsten Gedanken, der wohl kommen wird.

4: Sie werden feststellen, dass kein nächster Gedanke kommt und genau da haben wir die Gedankenleere – das reine Bewusstsein - die wir haben wollten!

Dies ist der Moment, in dem man später die Anweisung den Impuls zur "Transformation/Heilung" gibt.

5: Irgendwann wird wieder ein Gedanke kommen und die Gedankenleere bzw. der Moment des reinen Bewusstseins ist wieder vorbei.

6: Üben Sie weiter, fragen Sie sich wieder nach dem nächsten Gedanken und versuchen Sie Ihr reines Bewusstsein wahrzunehmen, ohne zu denken bis der Denkprozess wieder einsetzt.

7: Weiter üben, üben, üben und das reine Bewusstsein ohne Gedanken trainieren und die Zeitspannen der Gedankenleere verlängern.

Wenn Sie das Ganze öfter probieren, wird es kommen, da Sie es wollen und bedenken Sie, es handelt sich um einen Lernprozess.

Praktische Anwendung der Quantenheilung bei negativen Emotionen:

Sie haben ein negatives Gefühl zu einer Person oder Situation?
Nehmen Sie die eine Hand und legen Sie sie auf Ihren Bauch in den Bereich des Magens. Legen sie die andere Hand in Ihren Nacken und werden Sie sich beider Hände bewusst, ähnlich wie zuvor mit den Gedanken.

Fühlen Sie erst die eine Hand, dann die andere, lassen sie alles bewusst werden. Sagen Sie sich selbst:

„Negative Emotion aufsteigen lassen"
(Impuls in das reine Bewusstsein setzen) und werden Sie sich beider Hände gleichzeitig bewusst.

Dies wiederholen Sie mehrfach, indem sie jedes Mal die eine Hand, die auf dem Bauch lag, immer weiter nach oben legen, bis hin zum Hals.

Vielleicht merken Sie eine Art Welle, ein aufsteigendes Gefühl, ein Kribbeln ... Es gibt viele möglich Varianten. Am Ende sollte eine Art Leichtigkeit eintreten. Es gibt kein Richtig oder Falsch, Ihr Unterbewusstsein lässt in dem Moment so viel oder so wenig zu, wie es in dem Moment richtig ist.

Wie haben Sie sich mit und nach der Übung gefühlt?

"Würde man mich nach einer genauen Definition von Quantenheilung fragen, so würde ich antworten:

Quantenheilung ist die Fähigkeit einer Bewusstseinsform (Geist), spontan die Fehler einer anderen Bewusstseinsform (Körper) zu korrigieren.

Es ist ein völlig in sich geschlossener Prozess.

Müsste ich mich noch kürzer fassen, so würde ich einfach sagen, dass Quantenheilung Frieden stiftet. Wenn Bewusstsein gespalten ist, verursacht es Krieg im Geist-Körper-System.

Dieser Krieg liegt zahlreichen Krankheiten zugrunde; es ist das, was die moderne Medizin als die psychosomatische Komponente bezeichnet. "

Zitat: Deepak Chopra

„QUANTUM-WAVE-Tippen“

Diese Variante habe ich durch Studien von den Methoden vom EMDR und Wing-Wave kennen gelernt. Hierbei geht es in Kürze gesagt darum, das wir unseren inneren Stress, den wir zu einer Situation, einer Person oder Erlebnis ganz einfach herabsetzten, indem wir unsere beiden Gehirnhälften synchronisieren. Wie Sie das machen können? Ganz, ganz einfach.

Sie haben ein bestimmtes Problem? Sie ärgern sich vielleicht immer wieder über eine Situation oder Person, der Sie im Leben immer wieder begegnen? Dann nehmen Sie jetzt einen Zettel und schreiben Sie alles dazu auf, was Ihnen gerade dazu einfällt.

Notieren Sie sich als erstes, wie intensiv das negative Gefühl dazu ist, nehmen Sie einfach eine Skala von 1 - 10 zur Hilfe. 1 = gutes Gefühl, 10 = ganz schlechtes Gefühl, 5 = neutrales Gefühl.

Wenn Sie damit fertig sind, dann legen/setzten Sie sich an einen Tisch, legen Sie nun den Zettel so vor sich hin, dass Sie ihn gut lesen können. Stützen Sie nun Ihren Kopf auf Ihre Hände und zwar so, dass die

Handflächen auf Ihren Wangen liegen und Ihr Mittelfinger am Ohreingang liegt. Nun tippen Sie mit Ihrem Mittelfinger im Wechsel links und rechts auf dieses Gebiet. Immer im Wechsel, so, dass es für Sie angenehm ist, nicht zu langsam und auch nicht zu schnell. Fangen Sie nun an, den Text dabei zu lesen, den Sie aufgeschrieben haben. Wiederholen Sie das so lange, bis Sie das Gefühl haben, es hat sich etwas zum Positiven hin verbessert. Um es besser zu erkennen, nehmen Sie nun wieder die Skala von 1-10 und bewerten Sie Ihr aktuelles Gefühl nach dem Tippen.

Wer keine Lust auf das aktive Tippen hat, dem empfehle ich hier die QUANTUM-WAVE-mp3, die Sie auf meinem Shop finden. Sie brauchen nur die mp3 mit Kopfhörern zu hören, an das denken, was Sie auflösen wollen. Nach kurzer Zeit werden Sie ruhiger, entspannter und Sie werden nach einer Überprüfung mit der Skala von 1-10 feststellen, dass diese mp3 einfach wirkt, garantiert!

Abschließend

möchte ich Ihnen sagen, dass Sie, wenn Sie wirklich 80% von den Inhalten des Buches umsetzten und stets anwenden, diese in Ihr Leben integrieren, nicht anders können, als wirklich erfolgreich zu sein.
Die meisten Menschen scheitern an ihrem Durchhaltevermögen. Sie hören auf halber Strecke auf oder vergessen auf ihrem Erfolgsweg die Erfolgsgewohnheiten, die sie dort hingebracht haben. Das Gute daran? Wir werden sehr schnell daran erinnert, dass gerade etwas nicht stimmt, manchmal sogar schmerzhaft. Der eine merkt es durch einen finanziellen Einbruch, der nächste dadurch, dass er nur noch am reagieren statt agieren ist und der dritte hat plötzlich gesundheitliche Probleme...

Mein Wunsch für Sie:
Gehen Sie selbstbestimmt und erfolgreich durch Ihr Leben, wenden Sie den „Geheimcode -

Erfolgsspirale" einfach täglich an und geben Sie ihn gerne an andere Menschen weiter!

Ich würde mich sehr freuen, wenn wir uns persönlich begegnen, sprechen Sie mich einfach an.

Christine Hofmann

Nachwort von Stefan Berns

Christine Hofmann hat mit Ihrem zweiten Buch "Geheimcode - Erfolgsspirale" ein Buch aus der Praxis für die Praxis geschrieben.
Sie schreibt von Ihrem erlebten Wissen, das für Sie selbst somit zur Weisheit wurde!
Dieses Buch ist kein Ratgeber im herkömmlichen Sinne, sondern ein Sofort-Umsetz-Buch!
Mit den darin enthaltenen universellen Erfolgsgesetzmäßigkeiten kommen Sie sofort ins Handeln!
Es liest sich schnell und unkompliziert und es macht wirklich Spaß, die Übungen auch sofort in die Tat umzusetzen.
So erschließen und knacken Sie für sich, den 12-stelligen Geheimcode mit großer Lust und Begeisterung beim Lesen.

Ein Buch, das jeden der den 12-stelligen Geheimcode in seinem Leben umsetzt, Seite-für-Seite zu einem selbstbestimmten und freien Leben führen wird.
Denn Erfolg und ein Leben in Reichtum, Wohlstand und Fülle, sind unser aller Geburtsrecht.
Jetzt halten Sie den "Geheimcode der Erfolgsspirale" in Ihren Händen! Werden Sie ihn nutzen und auch anwenden?

Ich wünsche Christine und Ihrem "Geheimcode - Erfolgsspirale", dass sie es in möglichst viele Herzen von Menschen schaffen werden, die dieses einzigartige Buch, an möglichst viele Menschen weiterempfehlen.

Auf eine selbstbestimmte Zukunft!
Herzliche Grüße,

Ihr
Stefan Berns

Autor, Coach und Personal Branding Experte
http://twittcoach.com/

DANKE

Ich danke allen, die meine Phantasie angeregt haben.

Ich danke allen, die mir die Kraft des Universums zeigten.

Ich danke allen, die mir zugemutet haben, Berge zu versetzen.

Ich danke allen, die meinen Mut geweckt haben.

Ich danke allen, die mich den Wert der Freiheit lehrten.

Ich danke allen, die mir halfen meinen Standpunkt klar zu machen.

Ich danke allen, die mir Raum gaben für Neues.

Ich danke allen, die mich wachsen ließen.

Ich danke allen, die mich stark gemacht haben, für (meinen) Frieden einzutreten.

Ich danke allen, die mir Freude, Dankbarkeit und Zuversicht geben. Es ist die Energie, die mich "machen" lässt.

Vor allem aber danke ich all denen, die mich lieben, so wie ich bin. Sie geben mir die Kraft für meine Arbeit und zum Leben!

Danke,
Christine Hofmann

Über die Autorin

Christine Hofmann, eine Frau die aus dem Hamsterrad mit viel harter Arbeit und wenig Zeit ausgestiegen ist.

Sie zeigt durch Ihren persönlichen Lebensweg - Angestellte, Hausfrau und berufstätige Mutter, bis hin zu einer erfolgreichen Unternehmerin - das alles möglich ist, wenn man für sich persönlichen steht, das richtigen Wissen und Werkzeuge kennt und einfach darauf vertraut im Leben seine Frau und Mann zu stehen. Natürlich bedarf es der Fähigkeit, für Neues und Bewährtes offen zu sein und neue Sichtweisen kennen zu lernen. Sie weiß, wer die universellen Gesetzmäßigkeiten kennt und richtig anwendet, kann gar nicht anders, als erfolgreich und glücklich zu sein.

Mit Ihren Spezialgebieten, dem Gesetz der Resonanz, “The Law of Attraction”, den Erfolgsgesetzte von Napoleon Hill, Bob Proctor, T.Harv Eker und anderen, kombiniert mit den weltweit erfolgreichsten Coaching- und Heilmethoden, entwickelte Sie das QUANTUM-WORK-Coaching©.

Sie ist damit in der Lage, Blockaden und Hindernisse der Menschen zu erkennen und diese direkt aufzulösen. Versteckteste Stolpersteine und Ursachen, die den Erfolgsweg versperren, werden von Ihr erkannt und erfolgreich gelöst. Sie hilft Menschen den klaren Weg der Selbstbestimmung und Freiheit zu gehen, um damit authentisch zum inneren und äußeren Reichtum zu gelangen.

Ihr Motto: "Mein Ziel, ist DEIN Erfolg! - Ich bringe Dich vom PRO-blem zur Lösung - vom Wollen zum Haben!“

So erreichen und finden Sie
Christine Hofmann:

Büro:
Oesterleystraße 3
22587 Hamburg-Blankenese
Deutschland

Telefon: +49-40-2261 2966
Email: christine.hofmann@email.de

Xing: https://www.xing.com/profile/
Christine_Hofmann24

Facebook: https://www.facebook.com/
QUANTUMWORK

Weitere interessante Tipps, Angebote und Produkte von mir finden Sie auf meiner Homepage.

www.christinehofmann.com

Kennen Sie schon mein erstes Buch?

Einen Moment bitte ...
... von Christine Hofmann

Kurzbeschreibung

Es bedarf schon eines großen Bücherregals, um all die Erkenntnisse, Tipps und Anregungen zu lesen und zusammenzutragen, die Christine Hofmann in ihrem Buch gesammelt und dargestellt hat. Und das in einer leicht verständlichen Sprache, die immer den Kern der Botschaften trifft. Das motiviert geradezu, Dinge anzupacken, zu beginnen, zu verändern, sich selbst auch mal mit einem Schmunzeln zu "ertappen", um anschließend gleich ins T.U.N. zu kommen. "Einen Moment bitte ..." erspart viele Momente des Suchens nach Lösungen - Inspiration pur!

Ulli Möhring - Musiker, Coach und Multi-Award-Gewinner

Erhältlich über www.amazon.de

Meine Buchempfehlungen:

Erfolg ist kein Zufall:
Die Erfüllung Ihrer Träume ist nur 7 Schritte entfernt
Noah St. John

The Secret - Das Geheimnis
Rhonda Byrne

The Magic
Rhonda Byrne

The Law of Attraction:
Das kosmische Gesetz hinter THE SECRET
Esther Hicks, Jerry Hicks

Erkenne den Reichtum in Dir
Bob Proctor

Glaube an Dich und werde reich:
Die Fortsetzung des Bestsellers "Denke nach und werde reich"
Napoleon Hill

So denken Millionäre:
Die Beziehung zwischen Ihrem Kopf und Ihrem Kontostand
T. Harv Eker

Das Gesetz der Resonanz
Pierre Franckh

The Big Five for Life:
Was wirklich zählt im Leben
John Strelecky

Das Wunder der Selbstliebe:
Der geheime Schlüssel zum Öffnen aller Türen
Bärbel Mohr, Manfred Mohr

Diese und weitere Buchempfehlungen finden Sie auf meiner Seite: www.christinehofmann.com

Fortsetzung Impressum
Angaben zu den Bildern und Grafiken:

Seite 13 mit freundlicher Genehmigung von Torsten Will

Seite 15,21, 24, 29, 32, 41, 50, 52, 55, 59,85, 86, 105, 106: emoticons © fitim bushati - Fotolia.com

Seite 16, 26, 60, 62, 63, 64, 66, 69, 70, 75, 87, 88, 89, 90, 100, 102: Set of Smileys © Toonstyle.com - Fotolia.com

Seite 19 Lebensrad © thingamajiggs - Fotolia.com

Seite 30 Lady terrified of her fat reflection © vanda - Fotolia.com

Seite 45 Brennpunkt © OrpheusXL - Fotolia.com

Coverbild und Grafik von Seite 83 und 84:
Tanja Jaurich, Firma Metamorphics
Angelehnt an "Emotional guidance scale by Abraham-Hicks"

Covergestaltung: Kay Steeger

Seite 120 mit freundlicher Genehmigung von Stefan Berns

Aufgepasst!

Hier kommt noch ein Geschenk!

Sie möchten ein Coaching oder Seminar bei mir buchen? Dann fotografieren Sie diese Seite und senden sie mir zu, damit erhalten Sie einen einmaligen Rabatt von 33%*.

Buch-Geheim-Aktion 33%*

Name:________________________________

Telefon:______________________________

Tragen Sie bitte hier Ihren Namen und Kontaktdaten ein und senden Sie ein Foto oder Kopie an:

Christine Hofmann, Osterleystr. 3, 22587 Hamburg
Email: christine.hofmann@email.de,
Mobil: 0151-17512771

* nicht auf andere Rabattaktionen anwendbar!